# INWESTOWANIE NA RYNKU NFT

## Czerp Zyski z Połączenia NFT, Metawersum i Krypto Gamingu

Wayne Walker

# SPIS TREŚCI

# WPROWADZENIE

Witaj w świecie NFT (niezamiennych tokenów)! Trudno było, o ile nie niemożliwie, nie usłyszeć jak dotąd o NFT. Jest to najczęściej omawiany dodatek do świata kryptowalut i blockchaina. Podobnie jak w przypadku wielu nowych rzeczy, tutaj też krąży mnóstwo informacji i dezinformacji, które mogą utrudniać uzyskanie pewności, co jest prawdą, a co nią nie jest. To co wiemy na pewno, to że na rynek NFT wpłynęły miliardy dolarów. W tej książce szczegółowo omówimy tę eksplozję aktywności inwestycyjnej oraz to co może ona oznaczać. Nasze zgłębienie tematu obejmie również sprawdzenie, poznanie i połączenie siostrzanych światów NFT – Metawersum oraz Krypto Gamingu. Ponadto na końcu książki zamieściłem również swoje osobiste doświadczenia związane z tworzeniem NFT.

Obecne opinie na temat NFT są tak samo zróżnicowane, jak to, co słyszeliśmy we wczesnych czasach kryptowalut. Niektórzy uważają, że NFT są idiotyzmem, marnotrawstwem pieniędzy i są po prostu okropne dla środowiska. Nic dziwnego, że są też inni, którzy twierdzą, że NFT to przyszłość Internetu i że powinny się one znaleźć w Twoim portfelu inwestycyjnym. Fani Ci postrzegają NFT jako sposób na posiadanie części Web3*, która według nich jest również przyszłością świata online. Ja ze swej strony Ci obiecuję, że odkryjemy ten świat bez zbędnego rozdmuchiwania, a na końcu będziesz miał pełne zrozumienie tego, jakie korzyści mogą Ci przynieść NFT i jakich pułapek unikać.

*Web3 to kolejna lub trzecia generacja Internetu, oparta na technologii blockchain i ekonomii opartej na tokenach. Jest wciąż bardzo nowa i ostateczna definicja Web3 może ulec zmianie po opublikowaniu tej książki.

## Zanim przejdziemy do szczegółów

Zanim zagłębimy się w świat NFT, zakładam, że masz podstawową wiedzę na temat blockchainów i koncepcji inteligentnych kontraktów. Mimo tego, że NFT są nowe, technologia wykorzystywana do ich tworzenia nie jest nowa. Dlatego ważne jest, aby zrozumieć te podstawowe pojęcia. Jeśli przeczytałeś którąkolwiek z moich innych książek o technologii blockchain, to wiesz wszystko co powinieneś wiedzieć. Jeśli nie czytałeś moich innych książek lub potrzebujesz odświeżenia wiedzy, przed rozpoczęciem przeczytaj sekcję *'Ściągawka z blockchaina i inteligentnych kontraktów'* (ma tylko kilka stron). Nie chciałem umieszczać jej na początku książki, aby nie spowalniać tych, którzy już znają te pojęcia.

# W SWOJEJ NAJPROSTSZEJ FORMIE

W najprostszej formie NFT jest dowodem własności danego tokena. Token może obejmować dzieła sztuki, gry, filmy, książki, usługi, muzykę, itp. Są one programowalne, a po wybiciu tokena możesz śledzić, kto go posiadał. Takie informacje o własności są dostępne pod adresem portfela.

Ważne jest, aby od samego początku było jasne, że kupując NFT, zwykle NIE otrzymujesz fizycznego przedmiotu ani praw autorskich do tego przedmiotu. Inną rzeczą, o której należy pamiętać, jest to, że NFT może być odsprzedawany przez jego właścicieli w dowolnym momencie i bez ograniczeń. Twórca może jednak nałożyć ograniczenia na wykorzystywane platformy. Wrócimy do tych elementów później, ponieważ jako potencjalny twórca możesz je wykorzystać na swoją korzyść.

NFT zapewniły nowy sposób artystom, takim jak muzycy, malarze i wielu innym, na czerpanie korzyści z ich prac twórczych. Mogą skalować swoje dzieła sztuki poza fizyczne kopie, przechodząc na format cyfrowy. Mimo iż większość kolekcji NFT należy do artystów, nic nie stoi na przeszkodzie, aby słynny bokser stworzył NFT swoich rękawic bokserskich używanych w walce o mistrzostwo. Obecnie istnieją nawet tweety NFT, które możesz kupić, więc mam nadzieję, że już zaczynasz dostrzegać otwartość lub szaleństwo tego nowego świata NFT.

## NFT w publicznych rozmowach

NFT w publicznej dyskusji pojawiły się w latach 2014-2015. Wówczas to w Londynie na konferencji Ethereum przedstawiony światu został projekt Etheria. Była to kolekcja zbywalnych sześciokątnych płytek. Po ich uruchomieniu niewiele się wydarzyło, aż do marca 2021 roku, kiedy aktywność NFT eksplodowała i nagle cała zawartość związana z tym projektem została sprzedana w ciągu 24 godzin za nieco ponad milion dolarów.

## Czym NFT różnią się od kryptowalut?

W świecie kryptowalut wszystko jest do pewnego stopnia ustandaryzowane. Prostym przykładem jest to, że jeden Litecoin jest odpowiednikiem innego Litecoina. NFT może z kolei reprezentować zasoby takie jak komiks, a nawet klip wideo. Z racji tego, iż NFT można tworzyć na tak szerokiej gamie aktywów bazowych, nie są one wymienne, co jest kolejnym sposobem na stwierdzenie, że nie można ich łatwo wymienić.

# MILIONY,
# ALE ZA CO?

W 2017 roku, kiedy ktoś zaoferował 9 milionów dolarów za NFT, który był częścią kolekcji CryptoPunk, wiele osób prawdopodobnie odebrało to jako znak, że świat się kończy. Miliony dolarów za pikselowy obraz zwykłego faceta palącego papierosa? Była to tylko oferta, a właściciel ku zdumieniu wszystkich ją odrzucił. Projekt CryptoPunk składa się ze zbywalnych postaci z kreskówek wydanych przez Larva Labs na blockchainie Ethereum. Jeśli ta cena Cię szokuje, to spadniesz z krzesła, gdy się dowiesz, że rekordowa cena NFT w chwili pisania tego tekstu wyniosła 69 milionów dolarów za sztukę artysty Beeple. Świat niewymiennych tokenów poszedł dalej i stworzył nową branżę.

Wielu tradycyjnych analityków rynkowych, zwłaszcza z giełd, jest zwykle oburzonych tymi, dla nich 'szalonymi cenami'. Analityk giełdowy zazwyczaj pyta, jaka jest podstawa ceny lub rzeczywista wartość aktywów. Jeśli użyjesz tradycyjnych metod szacowania wartości aktywów rynku kapitałowego do oszacowania wartości kolekcji NFT, najprawdopodobniej skończysz na zerze! Ten rynek ma swoje własne wskaźniki. Może to być popularność czegoś w mediach społecznościowych, co może prowadzić do strachu przed utratą okazji (FOMO) lub coś tak prostego i staromodnego jak ego kupującego lub sprzedającego.

## Ludzie są gotowi zapłacić

Bogaci, a nie my, zwykli ludzie, są rynkiem docelowym dla niesamowicie wysoko wycenionych dzieł sztuki NFT. Ta grupa kupujących będzie wydawać pieniądze w sposób, który nie ma sensu dla przeciętnego człowieka. Bogaci ludzie nie mają problemu z wydawaniem ogromnych kwot na zdobycie tego, co uważają za symbol statusu. Dla niektórych z nich zdobycie najgorętszej lub najnowszej kolekcji NFT jest po prostu sposobem na zasygnalizowanie ich sieci i reszcie świata 'spójrzcie na mnie, mogę robić takie rzeczy, ponieważ jestem taki bogaty!'. Ten segment klientów jest motywacją dla wielu osób wchodzących na rynek NFT, poszukujących szybkich i łatwych pieniędzy ze sprzedaży.

## Wierz mi lub nie wierz

Są dwa wydarzenia, które musiałem sprawdzić kilka razy, bo nie mogłem w nie uwierzyć.

1. W Stanach Zjednoczonych istnieje już muzeum poświęcone NFT.
2. Na początku 2022 roku rząd Wielkiej Brytanii ujawnił, że planuje wybić* swój własny NFT. Podano do wiadomości, że jest to część ich planu, aby stać się liderem w sektorze kryptowalut. Brytyjski minister finansów polecił Royal Mint, agencji rządowej odpowiedzialnej za bicie monet, wybić i wyemitować NFT. Reakcja influencerów z branży nie była

zbyt entuzjastyczna. Uznali to tylko za chwyt reklamowy do realizacji szerszego celu rządu Wielkiej Brytanii, którym jest przedstawianie się na osoby, które są na bieżąco z najnowszymi trendami technologicznymi.

*NFT są tworzone w procesie zwanym wybijaniem. Więcej na ten temat dowiesz się w następnym rozdziale.

# CO POSIADASZ?

Obecnie wśród wielu nowych kupujących i fanów NFT istnieje nieporozumienie co do tego, co posiadasz, gdy masz token. Prawdą jest, że są one wyjątkowe, gdyż posiadany token nie ma bliźniaka. Niektórzy sprzedawcy NFT, świadomie lub z powodu braku wiedzy, pozwalają nowym uczestnikom rynku, a zwłaszcza potencjalnym nabywcom, sądzić, że są bezpośrednio właścicielami lub częściowo posiadają bazowy składnik aktywów, na przykład książkę lub dzieło sztuki. W przeciwieństwie do innych przedmiotów fizycznych, co zobrazuję za pomocą prostego scenariusza, jeśli sprzedam Ci mój samochód, po przeniesieniu tytułu własności masz go w 100%, a w przypadku NFT, jak już wspomnieliśmy, potwierdza on jedynie własność *danego tokena*.

Inną kwestią, którą wielu nowych kupujących na rynku NFT często pomija lub rozumie błędnie, jest to, że Twój zakup nie przeszkadza sprzedawcy w tworzeniu innych NFT z tego, który kupiłeś.

**Prawdziwy przykład niezrozumianej własności**

W 2022 DOA (Zdecentralizowana Organizacja Autonomiczna) za 2.66 mln euro kupiła kopię słynnej książki science fiction, wierząc, że będą właścicielami praw autorskich i przekształcą ją w NFT. Nie minęło dużo czasu, zanim ludzie w Internecie przypomnieli im, że nie tak działa NFT. To tylko kolejne przypomnienie dla kupujących i sprzedających, iż z uwagi na to, że NFT są wciąż nowe, istnieje kilka aspektów prawnych, które pozostają bez odpowiedzi.

**Wybijanie, co to jest i jak działa**

NFT są tworzone na blockchainie w procesie znanym jako wybijanie. Twój NFT jest połączony z inteligentnym kontraktem, a to połączenie jest stałe... na zawsze. Inteligentny kontrakt, za pomocą którego generowane jest NFT, jest wykonywany, a NFT jest zapisywane w łańcuchu bloków.

Ethereum jest najpopularniejszym blockchainem do wybijania, a wynika to głównie z jego popularności wśród programistów. Aby uniknąć nieporozumień, muszę wspomnieć, że możliwe jest wybicie NFT na innych blockchainach niż Ethereum.

**Gaz**

Wykonanie inteligentnego kontraktu i wybicie NFT na blockchainie, takim jak Ethereum, wiąże się z kosztami. Opłaty te są znane jako opłaty za gaz. Jeśli chcesz kupić NFT przez ETH (Ether) lub chcesz go później wydobyć, zostaną naliczone opłaty za gaz. Na blockchainie Ethereum cena jest obliczana w Gwei, najmniejszej jednostce etheru. Kwota, którą płacisz, zależy głównie od złożoności Twojej transakcji. Istotną rolę odgrywa również natężenie ruchu sieciowego w momencie transakcji. Aby zaoszczędzić na opłatach za gaz, najlepiej, aby transakcja była prosta, ale nie zawsze jest to możliwe w zależności od NFT. Różne platformy pobierają różne opłaty za gaz, a różnice mogą być bardzo duże. Dokładnie wszystko przeanalizuj, zanim rozpoczniesz swój projekt.

Opłaty za gaz za wybicie NFT na platformach wahają się od $3 w spokojny dzień do $30 w dzień z dużym ruchem. Przeciętnie ludzie płacą za to $15. Jeśli wybijasz od czasu do czasu, dla większości ludzi opłaty te nie będą stanowić problemu. Jeśli przejdziesz do kategorii kogoś, kto robi to jako firma, możesz łatwo zobaczyć, jak opłaty za gaz mogą stać się problemem biznesowym ze względu na wysokość wydatków.

**Wojny gazowe**

Wojny gazowe są dziwną cechą NFT. Wojna gazowa toczy się, kiedy tysiące ludzi próbuje kupić NFT. Opłaty za gaz mogą wzrosnąć do szalonych poziomów, gdy ludzie przelicytują swoich konkurentów, próbując sprawić, że ich transakcje zostaną przetworzone szybciej niż inne. Wojna rzadko trwa długo, średnio kilka minut, ale to wystarczy, aby wydać pokaźną sumę pieniędzy na swój ulubiony NFT. Ile? Może to być $4,000, trochę mniej lub dużo więcej.

**Darmowy gaz?**

Problem opłat za gaz może stać się kwestią przeszłości, przynajmniej jeśli chodzi o tworzenie NFT. Istnieją platformy, które pozwalają na wybicie NFT za darmo. OpenSea, najpopularniejszy rynek do handlu NFT, ma narzędzie o nazwie

Menedżer Kolekcji, które pozwala użytkownikom tworzyć i sprzedawać NFT bez konieczności ponoszenia jakichkolwiek opłat za gaz. Jaki ma to sens biznesowy, skoro twórcy nie muszą ponosić żadnych opłat? W tym wypadku to kupujący pokrywa opłaty za sprzedaż NFT.

Na swojej stronie internetowej, proces ten nazywają 'leniwym wybijaniem'. Owe leniwe wybijanie, choć jest dobrą rzeczą, szczególnie dla osób o ograniczonym budżecie, stworzyło również nowy zestaw problemów... fałszywych NFT. Powrócimy do tego problemu, gdy zagłębimy się w wyzwania, przed którymi stoi branża, związane właśnie z oszustwami.

**Który blockchain jest najlepszy do wybijania?**

Twoja własność lub wyjątkowość Twojego NFT jest połączona z blockchainem, na którym został wybity. Niektóre rynki handlowe oferują swoim klientom kilka blockchainów do wyboru w procesie wybijania. Może to prowadzić do takiego problemu, że różne osoby będą wybijać ten sam NFT na różnych blockchainach, co oznaczałoby, że na rynku istnieje kilka oryginałów lub początków. Kto w tej sytuacji decyduje, który blockchain jest najlepszy?

Kolejną rzeczą do rozważenia jest to, że rynki nie są zmuszane do akceptowania wszystkich tokenów. Twój NFT z Tezos (lub jakiegokolwiek innego blockchaina) <u>nie</u> gwarantuje akceptacji na wszystkich innych rynkach.

## Czy można kupić NFT bez ETH?

Niektóre platformy umożliwiają zakupy za pieniądze fiducjarne*. Jednak większość będzie wymagać od Ciebie użycia ETH (Ether), gdy NFT będzie częścią aukcji lub odsprzedaży.

*_Pieniądze fiducjarne_ to waluta emitowana przez rząd, na przykład dolar amerykański, real brazylijski, polski złoty, itp.

# ZAGROŻENIA DLA ŚRODOWISKA

lość energii zużywanej w ekosystemie NFT od początku budziła kontrowersje. Krytyka ta dotyczy również ogólnie świata kryptowalut. W przypadku obrońców kryptowalut krytyka zależy od tego, o którym roku mówimy. Kilka lat temu można było bardziej dobitnie argumentować za nieefektywnym wykorzystaniem energii, ale teraz już nie.

Społeczność blockchaina ma już grupy pracujące nad tym, aby platformy były bardziej przyjazne dla środowiska. Obecnie istnieją sieci blockchain, które są znacznie bardziej energooszczędne niż Ethereum, na przykład sieć Solana. W przyszłości Ethereum planuje aktualizację swojego blockchaina, który będzie zużywać znacznie mniej energii w procesie wydobycia. Redukcja, o której dowiedziałem się ze swoich badań polega na tym, że ulepszona sieć zużyje 90% mniej energii.

Wielu z tych, którzy mówią ciągle o tym jak złe są dla środowiska kryptowaluty i NFT, rzadko pytają, ile energii zużywają giełdy na całym świecie. A co z bankami na całym świecie? Przez dziesięciolecia pracowałem w tradycyjnej bankowości i z własnego doświadczenia mogę powiedzieć, że zużywaliśmy mnóstwo energii. Ale takich porównań mam więcej: Zużycie energii na NFT w porównaniu z ekosystemem bankowym składającym się z systemu SWIFT i jego lokalizacji bankomatów (ATM) na całym świecie.

## Optymistyczne wieści ze świata kryptowalut

Dwie firmy, Blockstream (kanadyjska) i Block (amerykańska) rozpoczęły prace nad kopalnią bitcoinów zasilaną energią słoneczną i bateryjną w Teksasie, wykorzystując technologię korporacji Tesla. Na konferencji Bitcoina w kwietniu 2022 roku prezes Blockstream Adam Back wygłosił oświadczenie. Celem ich projektu jest dostarczenie weryfikacji koncepcji dla wydobycia bitcoinów w 100% z odnawialnych źródeł energii. Będzie on również zawierał publiczny panel, na którym w czasie rzeczywistym będziesz widzieć stosunek zużytej energii do wydobytych bitcoinów, co jest niezwykle imponujące! Na tę chwilę jest to jeden z najbardziej ambitnych, przyjaznych dla klimatu projektów kopania kryptowalut, jakie znam. Nie zdziwiłbym się, gdybym wkrótce przeczytał, że niektóre firmy łączą siły, aby zrobić coś podobnego na rzecz NFT.

## Potrzebne są bardziej szczegółowe raporty

Moja ostatnia uwaga w tej kwestii jest taka, że przy tych wszystkich twierdzeniach o marnotrawieniu energii, chciałbym przeczytać raport, który zawiera szczegółową analizę źródeł energii dla koparek kryptowalut, które są prywatne oraz dla wybijających NFT i innych osób z branży kryptograficznej. Czy wiemy, ilu górników i wybijaczy korzysta z alternatywnej energii? Na przykład, ilu górników pozyskuje energię z siły wiatru, słońca lub innych form energii odnawialnej? Wiele z nich to robi, nie tylko dwie duże firmy, o których właśnie przeczytałeś. Istnieją również inne, które z własnej inicjatywy w pełni kompensują swoje średnie zużycie $CO_2$ (dwutlenku węgla) na swoim blockchainie, aby stać się neutralnym dla klimatu.

# OSZUSTWA I GROŹBY

Niestety, oszuści postrzegają NFT jako nowy rynek dla swoich kiepskich sztuczek. Konta osób znanych i mniej znanych zostały zhakowane. Na przykład wiosną 2022 roku zhakowano OpenSea i skradziono prawie 2 miliony dolarów. Oszuści zabrali tokeny z portfeli legalnych właścicieli za pomocą ataku phishingowego.

Więc jak zła jest sytuacja z podróbkami i oszustwami w NFT? Jest tak źle, że największy rynek handlowy w branży, czyli OpenSea, przyznał, że większość NFT tworzonych na platformie, tych, które są tworzone za darmo, to kopie cudzych dzieł lub po prostu oszustwo. Na Twitterze napisali: "Ponad 80% przedmiotów stworzonych za pomocą tego narzędzia to plagiaty i fałszywe kolekcje". Narzędziem, o którym mówili, jest ich darmowy program do wybijania, który został wcześniej opisany jako leniwe wybijanie.

Zdarzały się inne oszustwa, gdzie artyści nie dostarczali obiecanych treści kupującym, dostarczali je tylko częściowo w ramach projektów NFT. Oprócz tego typu oszustw, istnieje też dobrze znana i niewielka działalność polegająca na sprzedaży podróbek. Mogą to być skradzione obrazy czy przesyłanie i sprzedawanie plików, do których nie masz praw własności intelektualnej. Zdarzały się nawet przypadki, gdy niektóre dzieła artystów, których Ci nie chcieli przekształcić w NFT, były oferowane do sprzedaży. Mogłeś również natrafić na sytuację, w której ktoś sprzedaje podróbkę obok oryginalnej pracy na tym samym rynku handlowym. Wiele tego typu historii znajdziesz na koncie na Twitterze o nazwie "NFTtheft" oraz na innych kontach opisujących oszustwa.

Najważniejsze jest to, że podrabiane projekty są oczywiście bezwartościowe dla nowych właścicieli, którzy nie mają możliwości odzyskania swoich pieniędzy, a to szkodzi szerszemu rynkowi NFT.

## Wash trading

Wash trading to prawdopodobnie sztuczka, z której korzysta obecnie większość oszustów. W tym przypadku konta kontrolowane przez jedną osobę lub podmiot handlują między sobą, aby sprawiać wrażenie, że istnieje duże zapotrzebowanie na NFT, tym samym pomagając sobie sprzedać je szybciej i po wyższej cenie. Jest to dosyć podobne do strategii 'pump and dump', która jest dobrze znana w handlu akcjami.

## Własność a Posiadanie

Rynki handlowe będą musiały, prędzej czy później, zająć się kwestią wyjaśnienia kluczowej różnicy między posiadaniem tokena a byciem jego właścicielem. Większość rynków nadal działa na zasadzie tego, które konto ma token, to ono jest jego właścicielem. Wiele osób w branży chce, aby większy nacisk kładziono na własność prawną. Różnica jest subtelna, ale bardzo ważna. W prawdziwym świecie, jeśli wyjeżdżam na wakacje, a Ty włamujesz się do mojego domu i zaczynasz tam mieszkać, nie jesteś legalnym właścicielem mojego domu. Zajmujesz mój dom, ale tytuł prawny własności pozostaje przy mnie.

## Rynki handlowe mogą więcej

Łatwo jest mi zrozumieć, jak ludzie, którzy nie śledzą uważnie rynku NFT, mogą mieć wrażenie, że rynki handlowe to nieokrzesany dziki zachód, na którym odbywa się wolna amerykanka. Rzeczywistość jest nieco bardziej skomplikowana. Obecnie platformy handlowe NFT przestrzegają tych samych zasad DMCA (Digital Millennium Copyright Act), co inne strony z treściami, na przykład platforma YouTube. Ustawa DMCA zabrania przesyłania, używania lub udostępniania treści, których nie jesteś prawnie właścicielem. Treść to zazwyczaj filmy, zdjęcia i muzyka. Osoby naruszające wytyczne DMCA mogą zostać zmuszone do usunięcia materiału ze swojej strony.

Rynki stają się coraz bardziej konkretne w swoich wysiłkach, aby pozbyć się oszustów i kiepskich aktorów, ale muszą zrobić o wiele więcej. Moim zdaniem jak dotąd były zbyt wolne i niezdecydowane. Mogą również zwiększyć zawartość edukacyjną dostępną dla kupujących. Niedawno przeczytałem o jednej z nowych galerii offline dla NFT, która oferuje kupującym dostęp do ekspertów z dziedziny sztuki, finansów i technologii, którzy pomagają im w procesie zakupu. Jest to niewątpliwie bardzo dobry początek.

# OCHRONA TWOJEGO KONTA

Lista, którą mam, jest naprawdę dobrym miejscem na rozpoczęcie. W miarę wzrostu potrzeb w zakresie bezpieczeństwa zawsze możesz tworzyć bardziej skomplikowane strategie. Mam jednak przekonanie graniczące z pewnością, że jeśli zastosujesz podstawy opisane w poniższych akapitach, to będziesz mieć dobry start.

## Użyj menedżera haseł i unikaj powtarzania haseł

Używanie tych samych haseł jest prawdopodobnie największą słabością większości ludzi, jeśli chodzi o hasła. Posiadanie tych samych haseł na kilku stronach jest bardzo ryzykowne. Wielu z nas to robi, ale musimy oprzeć się pokusie, ponieważ wiemy też, że jeśli ktoś zdobędzie Twoje hasło, to może Cię zaatakować w wielu miejscach. Korzystanie z menedżera haseł, takiego jak LastPass lub z jakiegokolwiek innego może zwiększyć Twoje bezpieczeństwo.

## Nie klikaj w nieznane linki

Nigdy nie należy klikać w maile, obrazy, itp. z nieznanych źródeł. Jest to powszechny sposób w jaki ludzie tracą swoje NFT. Ogólnie rzecz biorąc, nie powinieneś klikać linków z nieznanych lub niegodnych zaufania źródeł, w NFT lub inne rzeczy.

## Twoja tajna fraza odzyskiwania musi pozostać tajna

Tajna fraza odzyskiwania Twojego portfela jest tylko dla Ciebie,

NIE wolno Ci jej nikomu udostępniać. Zakaz ten obejmuje nawet najlepszych przyjaciół, małżonków, itp.

Oprócz tych wskazówek w Internecie krąży wiele filmów z jeszcze bardziej zaawansowanymi strategiami, ale pamiętaj, że złożoność może być Twoim wrogiem w doprowadzaniu zadań do końca.

# METAWERSUM

Czym u licha jest metawersum? NFT są nowe, a teraz jeszcze doszło metawersum, czyli słowo, które powoduje, że ludzie bezradnie rozkładają ręce. Niedawno na kolacji z przyjaciółmi, po spędzeniu 15 minut na wyjaśnianiu NFT, zapytali mnie o metawersum, powiedziałem im wtedy 'przeczytajcie moją książkę'. Powiedziałem to, ponieważ pełne zrozumienie metawersum wymaga zrozumienia innych pojęć. Jednak skoro czytasz moją książkę, otrzymasz pełne wyjaśnienie.

Bardzo ważna rzecz, którą należy zrobić na początku: Istnieje kilka wirtualnych światów metawersum. Różne firmy, z oczywistych powodów, mogą chcieć, aby opinia publiczna uwierzyła, że jest tylko jeden... ten należący do nich! Ale nie ma tylko jednego metawersum. Niektóre z najbardziej znanych światów wirtualnych to Decentraland i Sandbox, a w trakcie pisania tej książki tworzone są inne światy wirtualne, z czego jeden jest dla dzieci!

**Awatary**

Zanim przejdziemy dalej, konieczne jest szybkie wyjaśnienie dotyczące awatarów. Założyłem, że wszyscy znają koncepcję awatarów, jednak po tym jak kilku z moich znajomych przeczytało ten rozdział, okazało się, że jestem w błędzie.

Awatary to nic innego jak reprezentacja Ciebie ze świata rzeczywistego w świecie wirtualnym. W zależności od platformy i Twoich upodobań, Twój awatar może być tak bliski lub tak odległy od Twojego prawdziwego wyglądu jak tylko sobie tego życzysz. Jeśli jesteś niski w prawdziwym życiu, ale chcesz wyglądać jak wysoki koszykarz, tutaj możesz to zrobić. Głównym wymaganiem dla większości platform jest to, że awatar ten musi być podobny do człowieka, czyli nie możesz zmienić się w ziejącego ogniem smoka.

Jak już zatem wiesz, awatary są z reguły Tobą, ale możesz też stworzyć awatara kogoś z Twojej wyobraźni. Jednym z omawianych lub na wpół kontrowersyjnym przykładem jest to, że w mediach społecznościowych jednym z najczęściej obserwowanych modeli jest kobiecy awatar stworzony przez mężczyznę.

**Ciąg dalszy metawersum**

Metawersum to zbiór kilku elementów, które się łączą tworząc doświadczenie. Jego najważniejsze części to awatary, zestawy słuchawkowe VR (Wirtualna Rzeczywistość)* oraz własność cyfrowa. Moim zdaniem ta kolekcja komponentów może i prawdopodobnie się zmieni.

Korzystając z awatarów, możesz spędzać czas z innymi awatarami w tych wirtualnych światach, robiąc różne rzeczy, od zakupów, sprzedaży nieruchomości po udział w koncercie. Jednym z celów metawersum jest możliwość robienia rzeczy, które normalnie robisz w swoim prawdziwym świecie, ale tutaj robisz je online. Twoja normalna aktywność życiowa obejmuje pracę, spotkania z przyjaciółmi, Twoje hobby, itp. Korzystając z platform metawersum, będziesz miał wrażenie, że tam jesteś i wykonujesz te czynności, wcale tam nie będąc.

Innym celem wirtualnego świata jest sprawienie, że poczujesz się tak mocno w nim zanurzony, że trudno będzie Ci z niego wyjść. Aby tak się stało, programiści muszą uczynić to doświadczenie tak bogatym graficznie i sensorycznie, jak to tylko możliwe i gwarantuję Ci, że nad tym pracują. Istnieje nawet świat, w którym awatary mogą się ze sobą poślubić! Śluby awatarów to fajny pomysł, ale to nie to przyciąga firmy. Cechą, która je najbardziej przyciąga, jest to, że mają możliwość tworzenia usług biznesowych lub treści, którymi można handlować wirtualnie, a później zamienić je na prawdziwe pieniądze.

*Rzeczywistość Wirtualna (VR) to komputerowe, bogate w doznania sensoryczne doświadczenie ze scenami (obrazami, dźwiękami), które są tak realistyczne, że masz wrażenie, jakbyś naprawdę ich doświadczał. Zwykle uzyskujesz dostęp do VR za pomocą specjalnie zaprojektowanych zestawów słuchawkowych.

**To wcale *nie* jest takie nowe**

Dla tych, którzy pamiętają, Linden Lab miało wielką premierę swojego wirtualnego świata w 2003 roku o nazwie *Second Life*.

Ludzie mogli tworzyć awatary i wchodzić w interakcje z innymi awatarami w swoim drugim życiu. Ta historia jest dla mnie trochę osobista, ponieważ bank, w którym wtedy pracowałem, postawił finansowy zakład na *Second Life* i zainwestował dużo pieniędzy, aby zaistnieć w tym wirtualnym świecie. Zatrudnili dodatkowy personel i zorganizowali niesamowitą imprezę inauguracyjną. Wyniki? Niestety projekt się nie powiódł. Dlaczego? Nie było wystarczającego zainteresowania opinii publicznej, aby miało to biznesowy sens. Jednak wirtualny świat *Second Life* nadal istnieje.

**Dlaczego teraz?**

Omówiliśmy sobie właśnie, że koncepcja wirtualnego świata nie jest nowa, więc dlaczego dopiero teraz jest wokół niego tak wiele emocji? Jest tak, ponieważ technologie pomocnicze potrzebne do przejścia na wyższy poziom są już dostępne. Obejmują one blockchainy, ulepszone gogle VR i oczywiście NFT, które można zintegrować z metawersum. Posiadanie rzeczy w wirtualnych światach jest już możliwe, natomiast dzięki zastosowaniu technologii blockchain udowodnienie własności wirtualnych aktywów jest łatwiejsze, a samo posiadanie wydaje się bardziej realne dla właścicieli.

Cały obecny świat jest też bardziej otwarty na wirtualny styl życia, możliwy dzięki różnym platformom spotkań online, wraz z eksplozją pracy zdalnej i trendem pracy z domu. Ludzie organizują teraz wirtualne degustacje wina, o których wiele lat temu nawet bym nie pomyślał. Całkiem niedawno uczestniczyłem w jednej z takich degustacji.

## Wyzwanie podróży między metawersami

Niektórzy w branży uważają, że zanim koncepcja Metawersum zostanie powszechnie przyjęta przez społeczeństwo, użytkownicy muszą mieć możliwość łatwego podróżowania między różnymi wirtualnymi światami Metawersum. Aby ta podróż między metawersami stała się rzeczywistością, trzeba będzie uzgodnić pewne standardy. Posiadanie standardu metawersum pozwoli Ci podróżować ze swoimi cyfrowymi zasobami i awatarami od jednego metawersum do drugiego bez ich utraty.

Może stworzone zostaną jakieś standardy metawersum, podobne do standardu elektryczności, który istnieje w Unii Europejskiej. Na przykład mieszkaniec Polski podróżujący do Hiszpanii może bez problemu podłączyć komputer, naładować smartfony, itp., bo standardy gniazdek elektrycznych są takie same w całej Unii Europejskiej. Dla porównania, mieszkaniec Stanów Zjednoczonych podróżujący do Europy potrzebowałby odpowiedniej przejściówki, aby korzystać z gniazdek elektrycznych w Hiszpanii.

Zanim rozpocznie się jakakolwiek podróż między metawersami, różne światy metawersum również będą musiały rozwiązać oczywiste problemy związane z własnością intelektualną oraz problemy techniczne, co wymagać będzie mobilności między metawersami.

## Czy chcemy uciec od rzeczywistości?

Największym wyzwaniem dla firm jest przekonanie ludzi do udziału w metawersie. Ludzi należy przekonać, że powinniśmy spędzać mniej czasu na doświadczaniu prawdziwego życia, a więcej na wirtualnym życiu, które jest bardzo realistyczne zmysłowo. Jednym z najczęstszych powodów do krytyki metawersu jest to, że jest to głównie sposób na ucieczkę od rzeczywistości przez klasę średnią lub zamożnych. Prawda jest taka, że większość osób na planecie nie ma tego luksusu, by wyłączyć rzeczywistość, kiedy trzeba zapłacić czynsz, nie wspominając już o wydawaniu prawdziwych pieniędzy na zakup wyimaginowanej ziemi w metawersie, co oznacza, że Twoje życie jest wygodne. To świat, w którym wirtualna kraina obok domów niektórych celebrytów w metawersie może kosztować więcej niż rzeczywista ziemia. Wyobraź sobie, że próbujesz wytłumaczyć dziecku lub komukolwiek innemu, że nie możesz sobie pozwolić na zakup domu w świecie, który nie istnieje!?!

W tym momencie konsumenckie przypadki użycia metawersum (gry, wirtualne doświadczenia, sztuka, randki, itp.) są wyraźnie przyjemnością, a nie koniecznością. Zakończę jednak małym ostrzeżeniem. Wiele osób mówiło również coś podobnego o mediach społecznościowych, kiedy te pojawiły się po raz pierwszy. Mimo iż mi media społecznościowe nie są potrzebne, znam wystarczająco dużo osób, dla których stały się one czymś, bez czego nie mogli by dziś żyć.

# GRY: ZARABIAJ NA GRANIU!

Gry NFT czyli ogromna część tego ekosystemu, rozwijają się szybciej, niż mogli sobie wyobrazić nawet ich fani. Wielkość rynku, mierzona zakupami w grze, w 2021 roku wyniosła 5.1 miliarda dolarów. Jest to drugi co do wielkości sektor NFT w oparciu o ogólną wielkość sprzedaży NFT. Świat tych gier nie jest tym, o czym myśli wiele osób, gdy przychodzą im na myśl gry. Tradycyjny sposób działania gier polega na tym, że gracze płacą za grę, a nawet jeśli rozpoczęcie gry jest darmowe, zwykle musieliby zapłacić, aby uzyskać dostęp do pewnych poziomów lub rang.

Ta nowa wersja gier polega na tym, że gracze zarabiają pieniądze na graniu w gry, często określane mianem "graj, aby zarobić" (P2E). Innym sposobem na wyjaśnienie tego jest to, że grając we wszechświecie NFT, zapłatą jest Twój czas. Może to zabrzmieć głupio dla niektórych, którzy kwestionują pomysł płacenia komuś za hobby, jakim jest granie w gry, ale jest to bardzo realne. Terminem, którego ludzie używają do opisania tego trendu jest GameFi, czyli połączenie słów gra i finanse. W praktyce jest to wirtualny świat, w którym spotykają się blockchain, NFT, gry oraz kryptowaluty.

**Jak gracze zarabiają pieniądze?**

Typowym sposobem zarabiania pieniędzy jest wykonywanie określonych zadań w grze, aby poprawić swoją pozycję w rankingu. Dla większości graczy zabawa jest wolna od ryzyka, ale są gry, w których możesz stracić pieniądze, ponieważ musisz wnieść opłatę przed ich rozpoczęciem. Możesz stracić te pieniądze, jeśli przestaniesz grać przed osiągnięciem danego poziomu lub rangi wymaganej do wypłaty.

W grach NFT gracze używają cyfrowych przedmiotów kolekcjonerskich lub zasobów w grze, które mogą sprzedawać innym graczom. Zasoby mogą obejmować wszystko, od wirtualnej ziemi, postaci, broni, zwierząt i wiele innych rzeczy. Niektórzy ambitni gracze zaczynają nawet wykorzystywać swoje zarobki z kryptowalut do stakowania NFT, aby jeszcze bardziej zwiększyć swoje dochody. Stakowanie pozwala Ci na uzyskanie dodatkowego dochodu z NFT bez konieczności rezygnacji z praw własności.

**Najlepsze aktualnie gry**

Axie Infinity - Gracze zbierają potwory NFT w świecie fantasy, którymi mogą handlować na rynku w grze.

Sorare - Dla fanów futbolu fantasy (piłka nożna). Tworzysz drużynę swoich ulubionych graczy i otrzymujesz nagrody w zależności od tego, jak dobrze radzą sobie oni w prawdziwych meczach.

Evolution Land - Gracze kupują ziemię i stawiają budynki.

## Odpowiedź twórców gier

Podobnie jak w przypadku wszystkich rzeczy związanych z NFT, rynek ten jest wciąż nowy, a z dostępnych danych wynika, że większość społeczności graczy spoza świata NFT nie jest jeszcze w pełni przekonana o korzyściach płynących z NFT dla gier. Jak wynika z ankiety Game Developers Conference z 2022 roku, większość, bo aż 70% graczy, nie jest tym w ogóle zainteresowana.

# ZAPOMNIJ O ŁATWYCH I SZYBKICH ZYSKACH

W świecie NFT można dokonać dobrej inwestycji, ale wielu inwestorów szybko się przekonuje, że nie jest to tak łatwe, jak sugerują niektórzy. Większość traci pieniądze, a prace z kolekcji NFT sprzedających się za miliony dolarów zdecydowanie nie są normą. Z danych, które widziałem, wynika, że prawie 60% nie zarabia pieniędzy.

Sprzedaż za miliony dolarów przyciągająca największą uwagę stanowi w rzeczywistości około 1 lub 2% rynku. Większość tokenów sprzedaje się za kilkaset dolarów. NFT od samego początku były promowane jako sposób, w jaki artyści mogą czerpać jeszcze większe korzyści ze swoich prac twórczych. Zgodnie z tym, co udało mi się zbadać, obecnie wiele zysków trafia do traderów, a nie do artystów.

**Niektórzy widzą bańki**

Nowi uczestnicy rynku zapominają czasem, że rynek NFT jest podobny do innych rynków, gdyż ceny tutaj też się zmieniają i nie zawsze idą w górę. W tej chwili jest tak dużo szumu na temat rekordowych sprzedaży na tym rynku, że ludzie przeoczają fakt, że ceny niektórych znanych kolekcji NFT spadły. Niektórzy analitycy uważają, że na rynku NFT mamy do czynienia z bańkami cenowymi. Takie coś może mieć miejsce, ale w przypadku transakcji NFT trudno jest ocenić, kiedy pojawi się bańka. Rozmyślając nad swoimi doświadczeniami z Bitcoinem i innymi kryptowalutami, bańki cenowe faktycznie były argumentem, który często słyszałem. Za każdym jednak razem krytycy bardzo się mylili. Jak już się dowiedzieliśmy, nie ma jednego powszechnie uzgodnionego standardu szacowania wartości NFT. One nie są jak akcje, dla których można znaleźć dochody firmy, zestaw sprzedawanych produktów, potencjał wzrostu, itp. Najlepszą radą jaką mogę Ci tutaj dać jest inwestowanie tylko takim kapitałem, na którego stratę możesz sobie pozwolić, bez poważnych konsekwencji dla swojego życia.

**Horror związany z odsprzedażą NFT**

Jedna z największych sprzedaży w świecie NFT stała się jedną z najniższych w historii odsprzedaży. Inwestor kryptowalutowy Sina Estavi zwrócił na siebie uwagę mediów w 2021 roku, kiedy zapłacił 2.9 miliona dolarów za NFT pierwszego tweeta Jacka Dorseya, współzałożyciela Twittera.

Estavi próbował odsprzedać ten NFT w 2022 roku, chcąc za niego 48 milionów dolarów, lecz najlepsze oferty wynosiły tylko kilkaset dolarów. Tak, dobrze czytasz, zapłacił miliony dolarów, a najlepsze oferty, jakie otrzymał miały wartość kilkuset dolarów. Następnie podjął kolejną próbę odsprzedaży bez ceny wywoławczej, a oferty, choć już lepsze, stanęły na rozczarowującym 6,800 dolarów. Cytowano go, gdy mówił: "*To NFT to nie tylko tweet, to Mona Lisa cyfrowego świata*". Do dnia dzisiejszego na podstawie otrzymanych ofert, okazuje się, że potencjalni nabywcy nie podzielają jego entuzjazmu ani opinii na temat tego NFT. Możemy się tutaj zgodzić, że jest to skrajny przykład zmienności wartości NFT, ale jest to tylko kolejne przypomnienie o spekulacyjnym charakterze tego rynku.

# ZARZĄDZANIE RYZYKIEM NFT

Zanim zaczniesz handlować lub inwestować w NFT, Twój system zarządzania ryzykiem musi działać prawidłowo. Korzystając z mojego doświadczenia bankowego, zaklasyfikowałbym je dla moich klientów jako inwestycje alternatywne. Rynek ten niesie ze sobą większe ryzyko niż inne, co oznacza, że Twoje potencjalne zyski również powinny być większe od przeciętnych w przypadku każdego NFT, którego zakup rozważasz. To nie tylko mój pogląd, ale to, co powinniście usłyszeć od każdego, kto zna się na zarządzaniu ryzykiem. Wcześniej szczegółowo wyjaśniłem kilka czynników ryzyka związanych z tym rynkiem, ale nadal uważam, że są na nim też dobre okazje. Najważniejszą zasadą kupowania NFT jest to, że używasz tylko kapitału, na którego stratę możesz sobie pozwolić. W zależności od wielkości Twojego portfela, możesz następnie skopiować niektóre z omawianych tutaj technik, które są używane przez osoby zarabiające na NFT.

# JAK DOBRZE WTAJEMNICZENI ZARABIAJĄ PIENIĄDZE

Wiemy, że wielu inwestorów nie zarabia na tym rynku. W tym rozdziale podzielę się z Wami strategiami stosowanymi przez tych, którzy osiągają zyski na NFT.

## Białe listy wtajemniczonych

Przed uruchomieniem nowego NFT twórcy postarają się połączyć z jak największą liczbą promotorów. Promotorzy Ci mogą być wpływowymi osobami w mediach społecznościowych, gwiazdami sportu lub kimkolwiek, kto ma ogromną rzeszę fanów. Twórcy pozwalają następnie promotorom kupić NFT z ogromną zniżką przed premierą, a może nawet dają im je za darmo. Listy takich wczesnych inwestorów są zwane białymi listami.

Promotorzy z białej listy często uzyskują ponad 100% zysków z odsprzedaży swoich NFT po ich wypuszczeniu. Oczywiście, zyski pojawiają się tylko wtedy, gdy dobrze wykonają całą promocję. Lekcja dla naszych czytelników jest oczywista - postaraj się o miejsce na tych białych listach specjalnych inwestorów.

## Kolekcje

Wtajemniczeni z reguły koncentrują się na kolekcjach. Jest to grupa NFT, które mają tego samego twórcę i mają pewne podobieństwa. Większość ruchu i zainteresowania na rynku skupia się na stosunkowo niewielu kolekcjach. W 2022 roku na rynku było blisko 80,000 kolekcji, co nie jest liczbą ogromną, ale jest to wzrost z około 15,000 z roku wcześniej. Dane z nonfungible.com pokazują, że kolekcje stanowią prawie 60% sprzedaży NFT. Dwa najpopularniejsze to CryptoPunks i Bored Ape Yacht Club. Sprzedaż obu kolekcji sięga miliardów dolarów... za obrazy pikselowe!

**Kupuj więcej i dywersyfikuj więcej**

Najlepsi inwestorzy w świecie NFT wydają znacznie więcej pieniędzy. Mogą oni osiągnąć większe zyski, kupując projekt na rynku wtórnym za $15,000, a następnie odsprzedając go za $20,000. Średnio mają też więcej NFT i bardziej różnorodne kolekcje. Zdaję sobie sprawę, że ta strategia może nie być dla wszystkich. Ludzie nie zawsze znajdują się w sytuacji finansowej, w której mogą wydać $15,000 na NFT, zwłaszcza gdy jest to wciąż tak nieznana klasa aktywów.

**Używanie NFT jako zabezpieczenia pożyczek**

Ten akapit, gdyby został napisany kilka lat temu, zostałby wyśmiany przez moich znajomych lub czytelników. Tak, teraz można uzyskać pożyczkę na podstawie wartości Twojej kolekcji NFT. W przypadku tej nowej i spekulacyjnej klasy aktywów, kiedy usłyszałem o pożyczkach NFT, moją pierwszą myślą było to, że to musi być żart. Mogę jednak potwierdzić, że to nie żart, gdyż istnieje kilka stron internetowych, które pozwalają to zrobić.

Jedną z bardziej popularnych stron oferujących tego typu usługi jest nftfi.com.

Po zatwierdzeniu pożyczki fundusze kryptowalutowe można wykorzystać do zakupu większej liczby NFT lub zainwestować w inne projekty kryptograficzne, które można później zamienić na walutę fiducjarną. Najwyższa zatwierdzona kwota pożyczki, o której wiem, wynosiła 8 milionów dolarów.

**Stakowanie NFT**

Stakowanie NFT ma miejsce, gdy przekazujesz swoje tokeny na platformę w celu uzyskania nagród. Mówiąc prostymi słowami, stakowanie pozwala na uzyskanie dodatkowego dochodu ze swoich NFT bez konieczności rezygnacji z własności. Koncepcja stakowania nie jest nowa, gdyż jest to stosunkowo powszechna praktyka w przypadku kryptowalut.

Stakowanie daje kolekcjonerom nową możliwość uzyskania pasywnego dochodu ze swoich kolekcji. NFT nie są najbardziej płynną klasą aktywów, dlatego dla osób inwestujących długoterminowo może to być atrakcyjna poboczna działalność dochodowa.

**Z czego biorą się pieniądze w stakowaniu**

Proces stakowania NFT jest podobny do stakowania kryptowalut. Twoje tokeny są zablokowane w puli, gdzie są używane do potwierdzania transakcji. Otrzymujesz nagrodę, gdy

Twoje tokeny są wykorzystywane do potwierdzeń. Czas nagród różni się w zależności od platformy. Niektóre oferują cotygodniowe nagrody, inne oferują je nawet każdego dnia.

Zwykle otrzymujesz wynagrodzenie w natywnym tokenie platformy. Płatność ta będzie oparta na rocznej stopie procentowej (APR) określonej przez Twoją platformę. Podstawa, w jaki sposób ustalają stawkę, jest tak różna, jak ilość dostępnych platform. Pamiętaj, że masz do czynienia z nieregulowanym rynkiem, w związku z czym nie ma tutaj regulatorów bankowych, którzy mogliby ustalać jakieś zasady.

Ostrzeżenie dla tych, którzy chcą spróbować stakowania: Kwalifikacja Twojego NFT do stakowania różni się w zależności od platformy. Nie wszystkie NFT można stakować, dlatego całość nie jest tak prosta jak kupienie sobie NFT i osiągnięcie dochodu pasywnego. Będziesz musiał odrobić trochę pracy domowej.

**Jak zarabiać na NFT nie będąc wtajemniczonym**

Możesz pokochać NFT, nie będąc wtajemniczonym ani nawet nie kupującym. Możesz uzyskać pośrednią ekspozycję na NFT, inwestując w wspierające je sieci blockchain.

Niektóre przykłady takich blockchainów to Solana, Cardano, GoChain, Tezos i wiele innych. Każda z sieci ma swoje własne propozycje wartości. Jako punkt odniesienia, GoChain wyrobił sobie markę jako zielony lub najbardziej przyjazny dla środowiska blockchain. Możesz także zainwestować w giełdy, które oferują NFT do handlu, aby jeszcze bardziej zdywersyfikować swój portfel.

Jedną z moich ulubionych alternatyw jest blockchain Ethereum, który jest używany do wielu rzeczy, od NFT po inteligentne kontrakty. Ethereum rozwija się jak rakieta w porównaniu z innymi platformami, ponieważ jego blockchain jest podstawą dla tak wielu różnych rodzajów aplikacji. NFT można również rozwijać na innych platformach, ale Ethereum jest nadal preferowaną bazą dla programistów NFT.

Ten sposób uzyskiwania pośredniej ekspozycji na konkretną klasę aktywów nie jest niczym nowym ani też przeze mnie wymyślonym. To coś, co od lat doradzam klientom na bardziej tradycyjnych rynkach. Zamiast kupować kontrakt terminowy na ropę na rynku towarowym, możesz kupować akcje firm naftowych czy firm transportowych. Podstawą strategii jest znalezienie innych graczy w ekosystemie dowolnego obszaru, w który chcesz zainwestować. Przykładem z rynku kryptowalut byłaby sytuacja, w której ktoś interesuje się kryptowalutami, ale zamiast kupować Bitcoina, inwestuje swoje środki w akcje kopalni wydobywającej Bitcoiny.

# JEDEN ZABÓJCZY NFT I INNE TRENDY

Omówimy jeden '*śmiercionośny*' projekt NFT i kilka trendów, które obserwuję w światach NFT oraz metawersum.

## Martwy Celebryta NFT?

Jednym z ciekawszych lub dziwniejszych projektów NFT, o których czytałem, jest Macabris, znajdujący się na blockchainie Ethereum. Każdy token jest unikalny i reprezentuje konkretnego celebrytę. Właściciele tokenów otrzymują część miesięcznej wypłaty ze swojej puli dystrybucyjnej, o ile dany celebryta żyje. Idąc dalej sytuacja robi się jeszcze ciekawsza. Z każdego tokena wypłacana jest jeszcze większa kwota, gdy celebryci z innych tokenów umierają. Gdy śmierć w świecie rzeczywistym zostanie potwierdzona, celebryta zostaje oznaczony jako martwy przez swojego Mistrza Śmierci.

Ta pula dystrybucyjna jest finansowana z ich początkowej sprzedaży tokenów i prowizji z późniejszej sprzedaży tokenów. Według Macabris, w trakcie ICO, 80% środków ze sprzedanych tokenów zostanie przeniesionych do puli. Opłaty za transfer tokenów z portfela na portfel również trafią do puli dystrybucyjnej.

Projekt ten może nie być odpowiedni dla każdego inwestora, ale ilustruje poziom różnorodności dostępnej na rynku.

## Kolejna fala NFT?

Obszarem NFT, który uważnie obserwuję, jest rynek książek i audiobooków. Sam jestem autorem, także nie ma niczego dziwnego w tym, że jestem ciekaw możliwości w tym zakresie. Jak większość autorów dużo czytam i jako czytelnik też mnie to interesuje.

Istnieje kilka platform, które pozwalają autorom publikować i dystrybuować swoje prace za pomocą NFT oraz inteligentnych kontraktów. Platformy zapewniają również wiele usług znanych autorom i wydawcom, w tym dane dotyczące sprzedaży w czasie rzeczywistym (np. liczbę sprzedanych egzemplarzy). Platformy umożliwiają również dokonywanie płatności w walutach fiducjarnych, dlatego posiadanie portfela kryptograficznego nie jest obowiązkowe.

Korzystanie z inteligentnych kontraktów pozwala autorom i innym twórcom treści na ustalanie praw i ograniczeń ich utworów, a według serwisów internetowych, zastosowanie tej technologii będzie skutecznie zwalczać podróbki i inne oszustwa cyfrowe. Podstawowa technologia blockchain łączy autora z konkretnymi dziełami, co weryfikuje, kto jest oryginalnym wydawcą.

Kreatywne wykorzystanie inteligentnych kontraktów może sprawić, że sprzedaż książki zmieni się ze zwyczajnej w nadzwyczajną. Autor może użyć inteligentnych kontraktów, aby stworzyć kolekcjonerską edycję lub dodać zaproszenie na prywatne wydarzenia offline, takie jak degustacja wina lub darmowe warsztaty. Możliwości, która można tutaj uwzględnić są niemalże nieograniczone.

**Zastosowanie w świecie rzeczywistym**

Przedsiębiorca Gary Vaynerchuk stworzył ofertę, w której zapisano, że każdy, kto kupi 12 egzemplarzy jego nowej książki, otrzyma NFT. Wyniki? W przedsprzedaży sprzedanych zostało ponad milion książek. Będąc realistą wiem, że nie każdy ma tak rozbudowane media społecznościowe, dzięki którym można sprzedać tak wiele książek w przedsprzedaży, ale siła modelu została tutaj pokazana.

Statystyki dla mniej znanych pisarzy nie są niestety tak opłacalne. Te, które widziałem, były jednocyfrowe. Niestety raporty nie ujawniły, co zawierało się w ich NFT. Czy były to tylko podstawowe pliki? A może zawierały dodatki, takie jak dostęp do wydarzenia, limitowane edycje, itp. Dopóki nie pojawi się silniejszy rynek wtórny dla książek NFT, zachęty finansowe w obecnym momencie nie są znaczące dla mniej znanych pisarzy.

**Metawersum Muzeów: Muzea tokenizujące sztukę**

Metawersum może dawać interesujące możliwości instytucjom artystycznym i są one obecnie badane przez niektóre muzea. Jednym z pomysłów, o którym słyszałem, jest to, że muzea mogłyby oferować stokenizowane wersje swoich kolekcji. Byłoby to zrobione w metawersie w miejscu muzeum i tutaj mogła by być prowadzona sprzedaż oraz wystawy w świecie wirtualnym.

Dlaczego jest to istotne? Wiele osób nie zdaje sobie sprawy, że kiedy odwiedzamy muzea, widzimy na wystawie tylko ułamek ich rzeczywistych kolekcji*, tak więc korzystanie z NFT może dać sposób na zarabianie i cyfrowe wystawianie większej liczby kolekcji, które muzea rzeczywiście posiadają. Jakie to może mieć znaczenie prawne lub artystyczne, tego nie wiem, ale wiem, że wiele instytucji bada te nowe możliwości.

*W trakcie swoich studiów na uniwersytecie pracowałem w MoMA (Muzeum Sztuki Nowoczesnej) w Nowym Jorku jako pracownik sezonowy i mogę potwierdzić, że to, co widzisz podczas jednej wizyty w muzeum, to tylko niewielka część tego, co rzeczywiście to muzeum posiada.

# CO DALEJ Z NFT?

Kolejne kroki dla NFT? Nie wiem dokładnie, ale któż wie? Gdy ktoś wiele lat temu zapytał mnie, co myślę o przyszłości Bitcoina, miałem taką samą odpowiedź. Odpowiedziałem szczerze. Owa niewiadoma dotycząca tego, czego możemy się spodziewać w przyszłości, dla niektórych inwestorów jest atrakcyjna w NFT. Wielu sceptyków przeocza ten istotny fakt.

Na następnych kilku stronach podzielę się z wami kilkoma scenariuszami, które jak sądzę mogą się spełnić. Opierają się one nieco na wzorcu dojrzałości rynku i wzroście obserwowanym na kryptowalutach oraz innych alternatywnych rynkach inwestycyjnych.

**Zwiększone wolumeny i konkurencja**

Wolumen obrotu na platformach będzie nadal rósł. OpenSea, najbardziej aktywny rynek handlowy dla NFT będzie mieć większą konkurencję, zwłaszcza po informacjach z Coinbase, że stworzą własny rynek handlowy. Wchodzi w to wiele innych firm, artystów, funduszy inwestycyjnych, zawodowych sportowców, oszustów (smutne, ale prawdziwe) i innych, nawet rząd Wielkiej Brytanii.

Rynek aktywów NFT eksploduje. Sprzedaż bardzo mocno wzrosła z około 17 miliardów dolarów w 2021 roku do prawie 37 miliardów dolarów w momencie pisania tej książki. Ważne jest również, aby zrozumieć, że te liczby lub inne szacunki rynkowe często nie uwzględniają tak zwanej sprzedaży poza siecią. Odnosi się to do sprzedaży NFT, która ma miejsce w prywatnych galeriach, nie wspominając o innych prywatnych sprzedażach, które nie są rejestrowane przez blockchain. Dzięki tego rodzaju zachętom finansowym więcej instytucji będzie nadal wchodzić na ten rynek. Niektóre wielkie firmy spoza świata kryptowalut obserwują to co się dzieje i już ogłosiły swoje plany wejścia na rynek NFT. Facebook (obecnie znany jako Meta) ogłosił, że ich wirtualny świat w metawersie będzie obsługiwał NFT.

Jednym z pierwszych brokerów kapitałowych, który wszedł na rynek NFT, jest eToro. Ich platforma transakcyjna, znana bardziej z rynku forex i innych klas aktywów, niedawno uruchomiła fundusz o wartości 20 milionów dolarów na zakup NFT. Po cichu kupowali NFT z niektórych bardziej znanych kolekcji, takich jak Bored Ape Yacht Club (BAYC) i innych. Wydali także "e-Toro.art", platformę NFT, która będzie finansować nowe projekty oparte na użyteczności i ogólnym potencjale. Zgodnie z ich publicznym oświadczeniem, chcą, aby użytkownicy platformy eToro byli częścią rewolucji, która ich zdaniem nadchodzi wraz z NFT i Web3.

Podobnie jak we wcześniejszych czasach kryptowalut, najpierw wszyscy się śmiali, a potem, gdy zarabiano więcej pieniędzy, ludzie śmiali się już mniej. Śmiech w końcu został zastąpiony pytaniami, takimi jak "gdzie mogę się dowiedzieć czegoś więcej" czy "jak mogę zarabiać na tym rynku?".

## Bardziej zróżnicowany rynek

Spodziewam się, że zobaczymy bardziej zróżnicowany rodzaj klienta dla NFT. Większość ludzi nie wydaje $300,000 na sztukę cyfrową. Jednak od $0 do $300,000 jest dużo miejsca na wydatki. Osoba, która nie chce wydać $100,000, może wydać $500 na swój ulubiony komiks o superbohaterach w formie NFT, a jakiś nastolatek może wydać $25 na coś, co w chwili zakupu uważa za fajne lub popularne.

Moje badania wykazały, że około 10% traderów dokonało większości transakcji NFT. Nie jest to zdrowe dla żadnego rynku. Miejmy nadzieję, że w nadchodzących latach statystyki pokażą szerszą pulę traderów.

Rynek musi też wyrwać się z dominacji słynnych kolekcji (takich jak CryptoPunk). Obecnie stanowią one prawie 50% rynku NFT. Poza ich dominacją na rynku, średnie ceny sprzedaży tej kolekcji są poza zasięgiem przeciętnego inwestora.

## To się naprawdę wydarzyło!

Aby zilustrować, jak szybko rynek ten może się zmienić, dokonano jednej z największych transakcji w świecie NFT, mniej niż tydzień po tym, jak napisałem poprzedni akapit o potrzebie zróżnicowania rynku. Yuga Labs, właściciel kolekcji Bored Ape Yacht Club, kupił prawa do kolekcji CryptoPunks od Larva Labs. Kolekcja CryptoPunks była najbardziej cenionym NFT na rynku.

## Dobre

Przejęcie przenosi prawa własności intelektualnej i prawa autorskie na Yuga Labs. Całość staje się jeszcze lepsza dla posiadaczy tokenów, ponieważ Yuga Labs ogłosiło, że przyzna im pełne prawa komercyjne. Jak już wiesz, normą w branży jest to, że token nie przenosi praw własności intelektualnej. Praktyczne znaczenie tego polega na tym, że właściciele tokenów mogą teraz legalnie zarabiać na swoich tokenach, uruchamiając własne prywatne projekty. Projekty te mogą obejmować zarówno ubrania, jak i imprezy tematyczne związane z daną kolekcją NFT.

## Nie za dobre

Widzimy więc, że połączyły się dwie najcenniejsze kolekcje, co doprowadziło do jeszcze większej koncentracji na rynku NFT. Tak duża konsolidacja w niewiarygodnie młodej branży może spowolnić innowacje, gdyż słyszalnych będzie mniej głosów, a przy okazji może to zniechęcić osoby, które chciały wejść na rynek, ale teraz mogą poczuć, że jest już za późno.

## Jaki jest kolejny krok dla inwestorów?

Będziemy musieli poczekać i zobaczyć, jak ten rynek będzie się dalej rozwijał. Z racji tego, że rynek NFT jest pod silnym wpływem artystów, czyli ludzi, którzy jako grupa są kreatywni, to spodziewam się, że zobaczymy w tej branży więcej innowacji, niż gdziekolwiek indziej!

# RZECZY POTRZEBNE DO STWORZENIA PIERWSZEGO NFT

**Z**anim zakończymy, podzielę się z wami tym, jak wybiłem własny NFT i podam Ci plan krok po kroku tego, czego potrzebujesz, aby zacząć.

Uruchomienie przeze mnie NFT było stosunkowo łatwe. Proces zakładania konta i podłączania portfela kryptograficznego trwał od 5 do 7 minut. Następnie wgranie plików i wypełnienie opisu kolekcji NFT zajęło kolejne 20 minut. Po tym czasie wszystko było gotowe.

Użyłem okładek niektórych z moich książek do stworzenia użytkowych tokenów. NFT to nie tylko tokeny moich okładek. Obejmują też usługi, od kursów po doradztwo.

**Oto co potrzebujesz do wybicia swojego pierwszego NFT**

- Link do portfela kryptowalutowego
- Nazwa Twojego projektu
- Link do Twojej strony głównej
- Krótki opis Twojej kolekcji
- Podaż NFT, które stworzysz
- Wybierz blockchain, na którym chcesz dokonać wybicia NFT
- Wybierz rodzaj tokena (sztuka, użyteczność, przedmioty kolekcjonerskie, itp.)
- Ustal cenę i zdecyduj, ile tantiem chcesz uzyskać z odsprzedaży swojego NFT

# WNIOSKI

Dziękuję Ci za dotarcie do końca książki *Inwestowanie na Rynku NFT*. Ma ona szczególne miejsce w moim sercu, ponieważ była to książka, w której co kilka tygodni musiałem przepisywać różne sekcje, ponieważ fakty tak dynamicznie się zmieniały. Świat NFT jest u swoich początków i jest całkowicie otwarty na innowacje. Napisałem inne książki o blockchainie i kryptowalutach, a bardzo interesujące jest obserwowanie tego mieszania się różnych światów wraz z metawersum.

Moją ostatnią radą będzie zachowanie otwartego umysłu na wszelkie możliwości. Nawet jeśli osobiście nie lubisz NFT, nie ma powodu, aby tworzyć sztuczne bariery dla czegoś, co może być jednocześnie opłacalną inwestycją i dobrą zabawą.

**Moje inne książki powiązane z NFT**

Moje inne książki dotyczące kryptowalut i blockchaina, które okazały się pomocne profesjonalistom oraz inwestorom, to:

*Kolejny Poziom Inwestycji w Kryptowaluty*

*Blockchain: Zrozumienie i Zastosowania w Świecie Rzeczywistym*

# ŚCIĄGAWKA Z BLOCKCHAINA I INTELIGENTNYCH KONTRAKTÓW

## Blockchain

Blockchain to rodzaj technologii rozproszonej księgi (DLT). Rozproszona księga to powielane, udostępniane i synchronizowane geograficznie dane rozmieszczone w różnych lokalizacjach, instytucjach lub krajach. DLT to podstawowa technologia dla Bitcoina oraz innych kryptowalut.

## Inne narzędzie dla różnych osób

Kryptowaluty mają najmniejsze znaczenie dla specjalisty od blockchaina, ponieważ łańcuch bloków daje o wiele większe możliwości! Zresztą niektórzy blockchainowcy, jak lubię ich nazywać, czasami się denerwują, gdy na ich wydarzeniach poruszasz temat kryptowalut.

Dla entuzjastów kryptowalut blockchain jest technicznym kręgosłupem walut cyfrowych. Twórcy używają go do przechowywania danych w rozproszonej sieci, a dla futurystów jest to narzędzie do tworzenia zdecentralizowanego społeczeństwa.

## Bloki konstrukcyjne Blockchaina

Każdy blok w księdze jest połączony z poprzednim blokiem za pomocą algorytmu kryptograficznego zwanego hashem. Połączone bloki tworzą łańcuch, co daje nam termin "blockchain."

Blockchain to forma bazy danych, która jest rozproszona i działa na zasadzie konsensusu. Komputery w sieci, znane jako węzły, weryfikują transakcje i dodają je do łańcucha bloków. Bez scentralizowanego źródła do weryfikacji zmian, algorytm rozproszonego konsensusu jest używany do tworzenia porozumienia między węzłami, tak aby ten sam wpis został dokonany w każdej księdze.

**Decentralizacja:** Każdy podmiot na blockchainie ma dostęp do całej bazy danych i jej pełnej historii. Każda ze stron może zweryfikować zapisy swoich partnerów bez pośrednika.

**Niezmienność**: Każdy blok ma znacznik czasu i link do poprzedniego bloku. Bloki są odporne na modyfikacje. Po zapisaniu danych, nie można ich zmienić wstecz bez zmiany wszystkich kolejnych bloków. Algorytmy są wdrażane w celu zagwarantowania, że zapis w bazie danych jest trwały.

**Przesyłanie pomiędzy pojedynczymi użytkownikami (P2P)**: Komunikacja odbywa się bezpośrednio między równorzędnymi użytkownikami bez węzła centralnego.

**Programowalność**: Transakcje można zaprogramować. Użytkownicy mogą konfigurować algorytmy i reguły, które automatycznie wyzwalają transakcje między węzłami.

## Inteligentne kontrakty

Inteligentny kontrakt to cyfrowo egzekwowalna umowa i program komputerowy, który jest przechowywany w blockchainie. Jest to następna generacja lub, jak niektórzy to opisują, ewolucja łańcucha bloków. Przekształca blockchain z systemu rozproszonych rejestrów w nowy sposób przechowywania, przesyłania i komunikacji między częściami sieci.

Warunki umowy lub operacji są zapisywane w wierszach kodu, które są wykonywane, gdy zostaną wyzwolone przez określone zdarzenia. Kontrakty mogą służyć do automatyzacji podstawowych operacji w sieci, eliminując w ten sposób potrzebę posiadania zaufanego podmiotu trzeciego.

## Dowód Stawki (PoS)

Dowód Stawki (PoS) to metoda konsensusu, w której nie ma górników. Zamiast nich, do przetwarzania transakcji wybierane są węzły, bez konieczności obliczania i rozwiązywania złożonych równań. Inne węzły w systemie dowodu stawki zweryfikują blok. Aby zapobiec oszustwom, węzły w systemie dowodu stawki muszą zablokować określoną ilość waluty w wirtualnym sejfie. Waluta ta przepada jako kara w przypadku wykrycia jakichkolwiek nieprawidłowości. Proces ten jest znany jako stakowanie i można go uznać za działający w podobny sposób jak wydobycie w systemach dowodu pracy (PoW), ale bez ogromnych nakładów energetycznych. Im więcej waluty stakowanej przez węzeł, tym większa szansa, że zostanie on wybrany do stworzenia następnego bloku.

Przykłady kryptowalut PoS: Tezos, Ethereum

Z mojej książki: **Blockchain: Zrozumienie i Zastosowania w Świecie Rzeczywistym** (2018)

# NIEZBĘDNE SŁOWNICTWO DOTYCZĄCE NFT, METAWERSUM I GAMINGU

Oto krótki przewodnik z terminologią potrzebną do lepszego zrozumienia tego ciągle zmieniającego się ekosystemu NFT.

**Binance Smart Chain** – Blockchain do kupowania i sprzedawania NFT.

**Discord** – Platforma do wysyłki błyskawicznych wiadomości, która jest bardzo popularna wśród entuzjastów NFT.

**ERC-721** – Standard pozwalający na tworzenie niewymiennych tokenów.

**Ethereum** – Blockchain z funkcją inteligentnych kontraktów.

**Flow** – Blockchain uruchomiony przez Dapper Labs, który jest tworzony dla rynku gier i przedmiotów kolekcjonerskich.

**Własność Ułamkowa** – Umożliwia posiadanie częściowych praw własności do NFT. Kupujący mogą kupić tyle, ile chcą lub na co pozwala ich portfel. Sprzedawcy mogą sprzedawać fragmenty danego dzieła.

**Wymienność** – Dobro lub towar, którego poszczególne jednostki są wymienne. Na przykład jeden kilogram czystego złota jest równoważny każdemu innemu kilogramowi czystego złota. Inne przykłady zamienności obejmują ropę naftową, akcje, obligacje, waluty. Diamenty czy dzieła sztuki nie są wymienne, ponieważ każde jest wyjątkowe.

**Hashmasks** – Dzieła cyfrowe stworzone przez grupę 70 artystów rozsianych po całym świecie. Hashmaski są wyjątkowe, gdyż klienci mają w tym przypadku pewien stopień kontroli nad sztuką. Według Hashmasks posiadacze tokenów mogą przyczynić się do ukończenia maski, nadając jej wybraną nazwę dzięki Tokenowi Zmiany Nazwy (NCT).

**Międzyplanetarny System Plików** – Sposób przechowywania danych NFT.

**Metadane** – Są to dane, które definiują własność i odróżniają jeden NFT od drugiego. Metadane mogą być w łańcuchu lub poza łańcuchem.

**MetaMask** – Portfel kryptograficzny, który stanowi wejście do ekosystemu NFT. Pozwala uzyskać dostęp do aplikacji NFT, takich jak OpenSea, Rarible i wielu innych.

**NBA Top Shot** – Rynek handlowy, na którym ludzie mogą wymieniać fragmenty swoich ulubionych meczów koszykówki, podobnie jak wymienia się karty do baseballu lub piłki nożnej. NBA Top Shot to efekt współpracy National Basketball Association (NBA) i Dapper Labs.

**Nifty Gateway** – Popularny rynek handlowy NFT do kupowania i sprzedawania sztuki cyfrowej. Nazywani są "Nifties", co jest ich sposobem na określenie NFT.

**Metadane w łańcuchu** – Metadane umieszczone w inteligentnym kontrakcie.

**Metadane poza łańcuchem** – Metadane przechowywane poza łańcuchem bloków.

**NFT zorientowane na użyteczność** – Kolejny krok dla NFT, przedstawiający przykłady praktycznego zastosowania. Do tej pory niektóre z nich zostały zakodowane na specjalne, wymagające zaproszenia wydarzenia lub projekty. Jest to dopiero początek tego typu innowacji w NFT.

# PROFIL AUTORA

**W**ayne Walker jest dyrektorem globalnej firmy zajmującej się edukacją i doradztwem w zakresie rynków kapitałowych oraz kryptowalutowych (gcmsonline.info). Posiada wieloletnie doświadczenie w szkoleniu i kierowaniu zespołami Doradców Inwestycyjnych oraz zarządzaniu zespołami osiągającymi najlepsze wyniki w Grupie Klientów Prywatnych w oparciu o Benchmark Dochodów (BME).

# ŹRÓDŁA

Wywiady z inwestującymi w NFT, Wystąpienia TEDx na temat awatarów, *Kolejny Poziom Inwestycji w Kryptowaluty, Blockchain: Zrozumienie i Zastosowania w Świecie Rzeczywistym (Wayne Walker)*, Linas Beliūnas z Linas's Newsletter, Yahoo Finance, nftfi.com, nonfungible.com, Kulturmonitor.dk, macabris.com, Twitter "NFTtheft", esports.net, Creatokia, IntoTheBlock, HBR.org.